Ymlusgiaid

Catriona Clarke

Dyluniwyd gan Will Dawes

Darluniau gan Connie McLennan
Addasiad Cymraeg: Elin Meek
Darluniau ychwanegol gan Tim Haggerty
Dylunio ychwanegol gan Helen Edmonds a John Russell
Ymgynghorydd ymlusgiaid: Dr. Tobias Uller, Prifysgol Rhydychen
Ymgynghorydd darllen: Alison Kelly, Prifysgol Roehampton

Cynnwys

2

Ymlusgiaid

Mae ymlusgiaid wedi byw ar y Ddaear ers miliynau a miliynau o flynyddoedd. Nawr, mae dros 8,000 o fathau gwahanol.

Dyma fadfall colerog y Dwyrain. Mae'r rhain yn byw yng Ngogledd America.

Beth yw ymlusgiaid?

Mae pedwar prif fath o ymlusgiaid.

Mae crocodeilod ac aligatoriaid yn hoffi hela ac mae ganddyn nhw gynffon bwerus iawn.

Mae pob neidr yn denau a hyblyg, heb goesau. Fel arfer mae'n bwyta anifeiliaid.

Fel arfer mae madfallod yn fach ac yn gyflym gyda chynffon hir.

Mae gan grwbanod gragen fel cromen o gen caled, esgyrnog.

Er bod ymlusgiaid yn edrych yn wahanol, mae gan bron pob un . . .

groen cennog, gwrth-ddŵr . . .

maen nhw'n dodwy wyau . . .

ac mae eu gwaed yn oer. Felly mae angen gwres yr haul arnyn nhw i gadw'r corff yn gynnes.

Bach a mawr

Mae rhai ymlusgiaid yn bitw, a rhai'n enfawr.

Gall cameleon pigmi
eistedd ar fys person.

Mae'n bwyta pryfed
sydd bron yn rhy
fach i bobl eu gweld.

Mae crocodeilod
heli'n ddigon mawr i
ymosod ar siarcod!

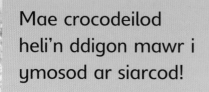

Crwban anferth y Galapagos yw'r crwban mwyaf yn y byd.

Mae mor fawr ag olwyn lorri, ac mae'n gallu byw am dros 100 mlynedd.

Cartrefi ymlusgiaid

Mae ymlusgiaid yn gallu byw mewn pob math o leoedd gwahanol.

Mae neidr Boomslang yn byw mewn coed, lle mae'n bwyta ymlusgiaid bach ac adar weithiau.

Mae madfall traed rhidens yn byw mewn diffeithwch tywodlyd lle mae hi'n boeth iawn yn ystod y dydd.

Mae crwban Gopher yn cloddio tyllau yn y ddaear. Yno mae'r rhan fwyaf o'r amser.

Mae ymlusgiaid ym mhob rhan o'r byd, heblaw am Antartica lle mae hi'n rhy oer iddyn nhw.

Mae nadroedd môr fel hon yn byw o gwmpas riffiau cwrel mewn moroedd cynnes.

Poeth ac oer

Dydy corff ymlusgiad ddim yn gweithio'n dda pan fydd hi'n rhy boeth neu'n rhy oer. Mae ymlusgiaid yn treulio llawer o amser yn ceisio cadw tymheredd y corff yn iawn.

Mae'r igwana môr hwn yn torheulo ar ôl nofio yn y môr oer.

1. Ar doriad gwawr, mae madfall yn eistedd ar graig heulog i gynhesu ar ôl y nos oer.

2. Mae hi'n boeth iawn ganol dydd, felly rhaid gorwedd o dan graig.

3. Mae'n hela am fwyd yn y prynhawn pan fydd ei chorff yn gweithio'n well.

4. Mae'r aer a'r creigiau'n oeri yn y nos, felly rhaid mynd 'nôl i'r twll.

Pan fydd crocodeil yn mynd yn rhy boeth, mae'n agor ei geg i oeri.

Croen cennog

Mae ymlusgiaid yn bwrw eu croen wrth dyfu.

1. Mae corff a llygaid neidr yn edrych yn bŵl cyn iddi fwrw ei chroen.

2. Mae'n bwrw ei phen yn erbyn craig i hollti a rhyddhau'r croen.

3. Dros rai dyddiau, mae croen y neidr yn dod i ffwrdd yn un darn.

4. Croen llachar a sgleiniog sydd oddi tano. Digwydd hyn ymhen rhai wythnosau.

Fel arfer, mae croen madfall yn dod i ffwrdd yn ddarnau, ond mae'r geco coed hwn yn bwrw ei groen yn un darn.

Mae llawer o gecos yn rhwygo haen allanol eu croen ac yn ei bwyta!

Symud

Mae llawer o ymlusgiaid yn symud mewn ffordd ryfedd iawn.

Mae rhai gecos yn dringo dros wal a nenfwd tai pobl.

Mae rhygnau gludiog ar eu traed i'w helpu i ddringo'n dda.

Basilisg gwyrdd yw'r fadfall hon. Mae'n gallu rhedeg dros y dŵr am ychydig i ddianc os yw'n cael ofn.

Mae gan ddraig
hedegog fflapiau o
groen wrth ei fol.

Mae'n gallu agor
y fflapiau i'w helpu
i hofran o goeden
i goeden.

Sgiliau arbennig

Mae gan rai ymlusgiaid sgiliau arbennig
i ddod o hyd i bethau i'w bwyta.

Mae neidr yn gallu
'blasu' aer â'i
thafod fforchog.

Mae'r tafod yn dweud
a oes rhywbeth i'w
fwyta gerllaw.

Gall cameleon droi ei lygaid
i fannau gwahanol ar yr un pryd,
er mwyn gweld o'i gwmpas i gyd.

Mae gecos tocai yn
nosol. Felly maen
nhw'n effro yn y nos.

Mae ganddyn nhw
lygaid mawr i'w
helpu i weld pryfaid
yn y nos.

Does dim amrannau
gan gecos, felly maen
nhw'n llyfu eu llygaid
i'w glanhau.

Hela am fwyd

Mae'r rhan fwyaf o ymlusgiaid
yn hela creaduriaid eraill
i gael bwyd.

Mae'r cameleon yn
defnyddio'i dafod hir
gludiog i ddal pryfaid.

Dim ond llygaid
crocodeil sydd i'w
gweld yn yr afon.

Mae'n codi o'r dŵr
yn sydyn ac yn cydio
mewn sebra.

Mae crwban môr
aligator yn eistedd
ar wely mwdlyd yr
afon a'i geg ar agor.

Mae lwmp coch ar
dafod y crwban
môr sy'n edrych fel
mwydyn.

Mae pysgodyn yn ceisio
bwyta'r 'mwydyn', ond
mae'r crwban môr yn
cau ei geg ac yn
bwyta'r pysgodyn.

Cnoi a lladd

Mae ambell neidr yn lladd ysglyfaeth drwy chwistrellu gwenwyn marwol ynddyn nhw.

Dyma neidr rhuglo cefn diemwnt.

Mae'r neidr yn cnoi ysglyfaeth â'i dannedd i chwistrellu'r gwenwyn.

Mae pob neidr yn gallu estyn ei cheg i fwyta rhywbeth mawr iawn – fel neidr arall!

Mae gwiber gabon yn aros wrth lwybr cwningod tan i gwningen ddod heibio.

Mae'r neidr yn ymosod. Mae'n cnoi'r gwningen â'i dannedd miniog.

Mae'r gwningen yn hercian i ffwrdd, ond yn marw o wenwyn y neidr. Mae'r neidr yn ei bwyta wedyn.

Cuddliw

Mae rhai ymlusgiaid yn gallu newid sut maen nhw'n edrych, ac mae rhai'n gallu edrych fel y man lle maen nhw.

Mae'r cameleon yn gallu newid sut mae ei groen yn edrych i ddangos sut mae'n teimlo.

Mae croen llachar y cameleon hwn yn dangos ei fod yn wyllt gacwn.

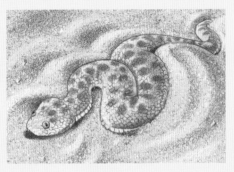

Mae corff tenau gwyrdd y neidr gwinwydd yn edrych fel rhan o goeden.

Mae cuddliw da gan wiber tywod y sahara.

Mae'r geco ffrilog hwn yn edrych fel deilen farw. Mae'n anodd iawn ei weld oni bai ei fod yn symud.

Pwy sy'n ymosod

Yn aml, mae'n rhaid i ymlusgiaid amddiffyn eu hunain yn erbyn anifeiliaid mwy.

Mae eryr yn disgyn i ymosod ar fadfall wal.

Mae cynffon y fadfall yn cwympo i ffwrdd ac yn dechrau gwingo. Felly mae'r fadfall yn cael amser i ddianc.

Mae cynffon y fadfall yn tyfu'n ôl wedyn, ond mae'r gynffon newydd yn fyr.

Mae neidr y gwair yn esgus bod yn farw nes i ymosodwr fynd.

Mae'r fadfall ffrilog yn agor ffrilen fawr o gwmpas ei gwddf pan fydd ofn arni. Mae'n gwneud iddi edrych yn fwy, felly bydd anifeiliaid eraill yn gadael llonydd iddi.

Wyau a rhai bach

Mae rhai ymlusgiaid yn gofalu am eu rhai bach. Ond mae'r rhan fwyaf yn dodwy wyau ac yna'n gadael i'r babanod ofalu am eu hunain.

Mae mam aligator yn gofalu am ei rhai bach am ddwy flynedd.

1. Mae crwban môr cefn lledr yn nofio 'nôl i'r traeth lle cafodd hi ei geni.

2. Mae'n cloddio twll yn y tywod â'i hesgyll, ac yna'n dodwy wyau yn y twll.

Mae'r aligator bach hwn yn torheulo ar ben ei fam.

3. Mae'r crwban môr yn dodwy tua 100 wy. Yna mae'n eu cuddio â thywod.

4. Ddau fis wedyn, mae crwbanod môr bach yn deor o'r wyau ac yn brysio i'r môr.

Ymlusgiaid rhyfedd

Mae rhai ymlusgiaid yn edrych yn rhyfedd, neu'n gwneud pethau rhyfedd iawn.

Math o grocodeil yw gafial. Mae ganddo drwyn tenau iawn, a dannedd pigfain er mwyn dal pysgod bach yn hawdd.

Mae'r fadfall gorniog yn chwistrellu gwaed o'i llygaid i godi ofn ar anifeiliaid eraill.

Diafol pigog yw'r fadfall ryfeddaf yr olwg.

Mae'n edrych yn ffyrnig, ond dim ond morgrug mae'n eu bwyta. Dydy anifeiliaid eraill ddim yn ymosod arni oherwydd ei phigau.

Geirfa ymlusgiaid

Dyma rai o'r geiriau yn y llyfr hwn sy'n newydd i ti, efallai. Mae'r dudalen hon yn rhoi ystyr y geiriau i ti.

 anifail gwaed oer – anifail sydd ddim yn gallu cynhyrchu gwres ei gorff ei hun.

 torheulo – gorwedd yn yr haul i gynhesu. Mae ymlusgiaid yn gwneud hyn bob dydd.

 bwrw croen – colli haen o groen. Mae hyn yn digwydd bob mis neu ddau.

 ysglyfaeth – anifeiliaid sy'n cael eu hela a'u bwyta gan anifeiliaid eraill.

 gwenwyn – hylif gwenwynig y mae rhai nadroedd yn ei ddefnyddio i ladd.

 dannedd – gall rhai nadroedd chwistrellu gwenwyn â'u dannedd hir miniog.

 cuddliw – marciau sy'n cuddio ymlusgiad.

Gwefannau diddorol

Os oes gen ti gyfrifiadur, rwyt ti'n gallu dysgu rhagor am ymlusgiaid ar y Rhyngrwyd.

I ymweld â'r gwefannau hyn, cer i **www.usborne-quicklinks.com**.

Caiff y gwefannau hyn eu hadolygu'n gyson a chaiff y dolenni yn 'Usborne Quicklinks' eu diweddaru. Fodd bynnag, nid yw Usborne Publishing yn gyfrifol, ac nid yw chwaith yn derbyn atebolrwydd, am gynnwys neu argaeledd unrhyw wefan ac eithrio'i wefan ei hun. Rydym yn argymell i chi oruchwylio plant pan fyddant ar y Rhyngrwyd.

Mae'r geco cynffon deilen hwn yn byw ar goed mewn coedwigoedd glaw.

Mynegai

Cydnabyddiaeth

Cydnabyddiaeth lluniau

Mae'r cyhoeddwyr yn ddiolchgar i'r canlynol am ganiatâd i atgynhyrchu deunydd:
© **Alamy** 20 (Steve Hamblin); © **Ardea** 2-3 (François Gohier), 5 (M. Watson), 10 (D. Parier & E. Parier-Cook);
© **CG Textures**, clawr; © **CORBIS** clawr (Frans Lanting); © **Getty Images** 22 (Kevin Schafer), 29 (Cyril Ruoso/
JH Editorial); © **Minden Pictures** 9 (Fred Bavendam), 18 (Stephen Dalton), 28 (Michael & Patricia Fogden);
© **Nature Picture Library** 13 (Steimer/ARCO), 23 (Nick Garbutt), 26-27 (David Kjaer), 31 (Pete Oxford);
© **Oxford Scientific** 1 (David B. Fleetham), 6 (Mike Powles); © **Photolibrary** 6-7 (Tui de Roy),
14-15 (Joe McDonald), 16 (Joel Sartore), 25 (Belinda Wright).

Cyhoeddwyd gyntaf yn 2009 gan Usborne Publishing Ltd., Usborne House,
83-85 Saffron Hill, London EC1N 8RT.
Cyhoeddwyd gyntaf yng Nghymru yn 2014 gan Wasg Gomer, Llandysul, Ceredigion SA44 4JL.
www.gomer.co.uk
Cyhoeddwyd gyda chefnogaeth Llywodraeth Cymru.